AF455491

NOTICE

SUR

M. L'ABBÉ J. ESPIAU

OU

L'ÉDUCATEUR MODÈLE

DANS UN PETIT COLLÈGE DE PROVINCE

PAR

L'ABBÉ T. M. L. J.

LICENCIÉ ÈS LETTRES.

« Qui seminat in benedictionibus,
« de benedictionibus et metet. »

TOULOUSE

IMPRIMERIE ET LIBRAIRIE ÉDOUARD PRIVAT

45, RUE DES TOURNEURS, 45

1889

PUBLICATIONS DU MÊME AUTEUR

Discours sur l'honneur 0f 30

Les Charmes de Biarritz........................... » »

Un Ange au ciel.. » »

Gazelle et Lion, broché................................ 2 »

Le Mémorial séculaire................................. 2 »

Les deux volumes, réunis en un seul, avec jolie reliure pour cadeau ou livre de prix...................... 4 60

A céder tous les droits de propriété et d'exploitation de l'œuvre.

A PARAITRE PROCHAINEMENT

Légendes d'Aquitaine .... 1f »

Bouquets pour tous.................................... 1 »

La Jessée, poète de la pléiade.......................... » »

Monographie de Saint-Didier, évêque de Cahors. » »

ON DEMANDE DES SOUSCRIPTEURS

Des conditions de prix très avantageuses seront faites pour les ecclésiastiques et les instituteurs.

Prière à nos bienveillants souscripteurs de nous adresser le montant des volumes reçus A défaut de cet envoi, ils voudront bien acquitter la traite postale qui leur sera bientôt présentée.

S'adresser à M. l'abbé Théodore MOUTON, professeur de rhétorique au Collège de Gimont (Gers).

NOTICE

SUR

M. L'ABBÉ J. ESPIAU

OU

L'ÉDUCATEUR MODÈLE

DANS UN PETIT COLLÈGE DE PROVINCE

PAR

L'ABBÉ T. M. L. J.

LICENCIÉ ÈS LETTRES.

« Qui seminat in benedictionibus,
« de benedictionibus et metet. »

TOULOUSE

IMPRIMERIE ET LIBRAIRIE ÉDOUARD PRIVAT

45, RUE DES TOURNEURS, 45

1889

LETTRE D'APPROBATION.

Archevêché d'Auch, 21 novembre 1889.

Cher Monsieur l'Abbé,

Nous avons lu la notice que vous publiez sur M. l'abbé Espiau et le beau discours que vous avez prononcé le jour du service solennel célébré dans l'église paroissiale de Gimont. Vous nous retracez à merveille les traits du regretté et bien-aimé supérieur; nous l'y retrouvons tel que nous l'avons connu : vif, alerte, entreprenant, bon surtout et aimable jusque dans ce qu'on pourrait appeler ses défauts.

Nous rencontrerions, dans notre clergé, des physionomies plus imposantes; en retrouverions-nous de plus sympathiques? Aussi nous approuvons votre brochure et nous vous en félicitons. Elle plaira à ceux qui ont vécu de la vie du cher chanoine, soit à Auch, soit à Gimont; elle aura aussi le précieux avantage d'intéresser et d'édifier ceux qui l'ont moins connu, de faire estimer et aimer en lui le sacerdoce qui sait si bien donner et se donner.

Agréez, cher Monsieur l'Abbé, l'expression de mon affectueux dévouement en N.-S.

J. Desbons, *v. g.*,

Président de la Commission des livres.

RESPECTUEUX HOMMAGE ET SOUVENIR

A MONSEIGNEUR GOUZOT,
Archevêque d'Auch.

A MONSIEUR L'ABBÉ ROUJON,
Chanoine, ancien supérieur au collège de Gimont
et aux Petits Séminaire d'Auch et d'Eauze.

A MONSIEUR L'ABBÉ L. CAMPISTRON,
Supérieur au Collège de Gimont.

A MONSIEUR L'ABBÉ DELHERM DE LARCENNE,
Directeur au Collège.

AUX AMIS, COLLABORATEURS ET ÉLÈVES
De M. l'abbé ESPIAU.

PRÉFACE

En publiant cette modeste Notice nous avons un double but : être agréable et être utile.

Agréable, nous le serons certainement aux amis de l'abbé Espiau, à ses chers collaborateurs, à ses élèves. Nous en avons déjà l'assurance ; car ils nous ont invité eux-mêmes à l'écrire.

Nous serons utiles aux éducateurs de l'enfance et de la jeunesse, qui trouveront dans cette vie si laborieuse d'excellents exemples et de précieuses leçons.

Puissions-nous avoir répondu dignement à l'attente des uns et ne pas faire mentir nos promesses à l'égard des autres !

L'Abbé Théodore MOUTON,

Licencié ès lettres, professeur de rhétorique.

NOTICE BIOGRAPHIQUE

SUR

M. L'ABBÉ ESPIAU

Un des membres les plus éminents et les plus utiles de notre clergé diocésain, M. l'abbé Espiau, chanoine honoraire, supérieur du Collège de Gimont, est mort subitement à Luchon, le 10 août 1889. Sa vie, qui fut tout entière celle d'un homme d'honneur et de devoir, abonde en touchants souvenirs et en édifiants exemples. Aussi nous invitons le lecteur à voir rapidement avec nous ce qu'il a été et ce qu'il a fait tour à tour comme séminariste, comme professeur, comme supérieur et comme prêtre.

I.

L'abbé Espiau était originaire de Miradoux. Il naquit le 20 septembre 1824 de parents honnêtes et chrétiens, qui lui donnèrent les premiers exemples de la piété et de la vertu. Le souvenir de son excellente mère lui était resté particulièrement cher, et plusieurs fois, dans ses moments d'heureux abandon et d'épanchement intime, nous lui avons entendu raconter sur elle des anecdotes naïves et touchantes qui, tout en étant la preuve de sa piété filiale, font le plus grand honneur au caractère élevé et à l'esprit sérieux de sa mère.

Dès sa plus tendre enfance, Jules se fit remarquer par ses qualités aimables et sérieuses, et manifesta d'heureuses dispositions pour l'état ecclésiastique. Son intelligence vive, ouverte, pénétrante fixa l'attention de M. Oubré, son instituteur. Celuici le signala au pasteur de la paroisse comme un écolier modèle, dont la vocation n'était point douteuse. M. le curé se hâta de cultiver ces germes précieux et prépara pour le sacerdoce cette plante qui devait produire de si beaux fruits. Tous les compatriotes et amis d'enfance de l'abbé Espiau se souviennent avec attendrissement de la bonté de son caractère, de son enjouement, de sa gaieté franche et communicative. Mais ce qui les avait frappés encore davantage, c'était la pureté de ses mœurs, sa bonne tenue à l'église et à l'école, son application constante et sa solide piété.

Fidèle à l'appel de Dieu et docile à la direction de son pasteur, le jeune Espiau commença avec ardeur l'étude du latin, et ne tarda pas à être admis au Petit Séminaire d'Auch. Là, ses vertus ne firent que croître avec les années : il eut l'honneur de compter parmi les élèves les plus laborieux et les plus intelligents de sa classe. C'était, nous dit un de ses condisciples, un écolier vif, alerte, gai, jovial, débordant de vie et pétillant d'esprit; avec cela, studieux, plein de cœur et de bon sens, alliant au travail une piété bien entendue, enfin un de ces bons séminaristes qui font à la fois les délices de leurs camarades, la joie et l'honneur de leurs maîtres.

Peu d'élèves à cette époque songeaient à la fin de leurs classes à conquérir le diplôme de bachelier, devenu aujourd'hui l'objet de tant de téméraires convoitises et la source de tant d'amères déceptions. L'abbé Espiau fut du petit nombre de ces prédestinés; il affronta courageusement la redoutable épreuve et un succès mérité couronna ses efforts. C'est assez dire qu'il avait fait de fortes et sérieuses études et qu'il s'était ainsi préparé de bonne heure aux grands devoirs que l'avenir lui réservait.

L'aimable enfant devint un plus aimable lévite. Au Grand Séminaire, l'abbé Espiau poursuivit avec la même ardeur l'apprentissage des vertus sacerdotales, qui devaient rendre plus tard son ministère si honorable et si fécond. Trois qualités essentielles font, selon nous, l'excellent séminariste : la modestie, le bon esprit et la piété. L'abbé Espiau possédait éminemment ces trois qualités maîtresses. Tous ses condisciples vivants sont là pour en rendre témoignage. Aussi parcourut-il rapidement tous les degrés qui conduisent au sacerdoce. Il fut ordonné prêtre le 23 février 1850.

II.

Pour qui connaissait le tempérament actif et l'humeur sociable de l'abbé Espiau, il n'était pas difficile de choisir l'emploi qui convenait le mieux à ses talents et à son goût. Le professorat avait de l'attrait pour lui. On lui offrit donc une place au Petit Séminaire, et il prit rang parmi cette illustre pléiade de professeurs qui venait de perdre le sympathique poète, l'abbé Nauziel. Mais elle avait encore à sa tête les Canéto, les Boubée, les Dupuy, les Sabatié, les Rigade, les Viau, les Fauqué, tous ces maîtres éminents qui imprimèrent aux études un si magnifique essor, et dont la science et les vertus portèrent alors si haut le nom et la réputation de l'établissement. L'abbé Espiau devint lui-même à leur école un professeur d'élite. Il passa successivement par les classes de quatrième et de troisième. La chaire d'Humanités lui fut enfin confiée, et ses nombreux élèves sont encore unanimes à louer l'entrain, la faconde avec laquelle le professeur faisait sa classe. La méthode n'était pas absente de ses cours. Il les rédigeait avec autant de soin que de précision. Nous possédons encore quelques cahiers écrits de sa main. Ils sont la preuve palpable du soin scrupuleux qu'il apportait à l'accomplissement de sa tâche professorale. Durant les années qu'il occupa la chaire de seconde, il eut le temps d'étudier et d'approfondir la plupart des auteurs classiques d'Athènes et de Rome. Il alla même jusqu'à se familiariser avec les meilleurs. Mais son poète de prédilection, ce fut Horace. Il le possédait presque tout entier par cœur. Il le citait souvent, et toujours avec un à-propos admirable. Il goûtait son poète favori, que dis-je? il l'aimait comme on aime un vieil ami. Il l'aimait dans ses grâces charmantes, dans sa joyeuse humeur, dans son urbanité, dans ses spirituelles saillies, dans son esprit de modération et sa médiocrité dorée, dans son accommodante philosophie, dans ses qualités, dans ses caprices mêmes. A lui si gai, si sociable, si délicat, si indulgent, voilà bien l'ami qu'il lui fallait : le poète des gens du monde et de la bonne société, l'ami d'Auguste, de Virgile et de Mécène.

La sollicitude que M. Espiau avait pour ses élèves, le soin avec lequel il veillait à leur instruction et à leur progrès ne pouvait manquer de lui attirer l'estime et la reconnaissance des familles. Plusieurs s'attachèrent à lui et lui vouèrent une amitié qui ne se démentit jamais jusqu'à sa mort. Parmi ces dernières, il faut citer surtout la famille Belliard, de Lectoure, dans laquelle M. le Supérieur était considéré comme un membre d'adoption. Il lui appartenait de cœur. Chez elle, il avait choisi le lieu de sa retraite; avec elle, il se proposait, si Dieu n'en eût ordonné autrement, d'aller passer ses derniers jours. Et plus tard, que de pères de famille envoyèrent leurs enfants au Collège de Gimont, de préférence à tout autre établissement, uniquement parce qu'ils avaient été eux-mêmes ses élèves et qu'ils avaient conservé un excellent souvenir de sa bonté, de sa distinction, de ses talents et de son zèle! Quelle fête pour le bon Supérieur quand il voyait arriver ces générations nouvelles, images vivantes de la génération passée, dans lesquelles allaient renaître ses anciennes affections et se continuer ses premières sollicitudes!

C'est aux années de son professorat au Petit Séminaire que remonte chez M. l'abbé Espiau le goût des voyages qui sembla aller toujours croissant jusqu'à la fin de sa vie et qui forme un des traits dominants de son caractère. Les voyages pour lui étaient le complément nécessaire de l'instruction et de l'éducation. Partout il se plaisait à faire des remarques utiles, à recueillir des notes, à visiter les théâtres des événements historiques, à contempler les monuments des sciences et des arts. De là cette riche moisson de souvenirs qui donnait tant de prix et d'intérêt à sa conversation. Quelles anecdotes piquantes! Par quels récits animés et pittoresques il faisait revivre sous nos yeux les scènes dont il avait été le témoin ou l'acteur! En l'écoutant, nous ne regrettions qu'une chose : c'est de n'avoir pas eu la bonne fortune de partager avec lui le plaisir de ces charmantes rencontres et de ces intéressantes aventures. Je pourrais rapporter telle ou telle de ses conversations qui nous ont appris plus d'histoire et de géographie que des journées entières de patient labeur dans les études ou dans les classes.

Aux plaisirs du touriste, M. le Supérieur unissait à l'occasion ceux de l'antiquaire. Notre aimable voyageur ne retournait jamais de ses lointaines excursions sans avoir fait quelques précieuses trouvailles. C'était le glaneur ramassant patiemment les graines échappées aux investigations de chercheurs moins habiles ou moins bien inspirés. Chaque voyage était couronné par des acquisitions nouvelles; c'est ainsi que se forma peu à peu cette riche collection de meubles antiques, d'armoires sculptées, de bahuts, de vaisselle, de tableaux, d'objets d'art de toute sorte qui faisaient de nos couloirs et de notre salon un véritable musée et qui servaient tant pour la décoration de la maison que pour l'instruction des élèves.

Cependant M. l'abbé Espiau ne borna pas à l'enseignement son rôle de professeur au Petit Séminaire. Autant que nous pouvons nous le rappeler à travers nos souvenirs d'enfant, il paraissait occuper dans la communauté une situation tout à fait exceptionnelle. Son esprit pratique l'avait fait désigner pour s'occuper d'une foule de détails qui concernent les enfants, et il faut reconnaître qu'il y réussit à merveille. La propreté, chez les jeunes écoliers, est une vertu aussi rare qu'elle est charmante ; elle supplée aux grâces naturelles, ou leur donne un nouvel attrait ; elle est comme la chasteté extérieure du corps. Aussi M. l'abbé Espiau lui donnait-il toute son attention. Il nous semble le voir arriver à l'improviste dans le petit dortoir, lancer par-ci par-là de véhémentes apostrophes, commander l'ordre et le silence dans les rangs, veiller à la toilette des enfants, gourmander les désordonnés et les paresseux. Tantôt il reconduisait brusquement au lavabo une de ces jeunes têtes mutines auxquelles la fraîcheur matinale de l'eau avait donné un frisson de stupeur. Tantôt il passait minutieusement en revue ces petites mains d'écolier noircies d'encre, et ces doigts enfantins aux ongles trop luxuriants auxquels il infligeait avec une impitoyable rigueur le bienfaisant supplice des ciseaux ou de la savonnette.

En même temps, l'excellent économe du Petit Séminaire, M. l'abbé Lafforgue, de pieuse et vénérée mémoire, appelait auprès de lui l'abbé Espiau pour se faire aider dans l'administration et la comptabilité. C'est lui qui le mit en rapport avec quelques familles distinguées de notre chef-lieu, dont plusieurs s'honorent encore de l'avoir connu et aimé. Les noms de ces deux hommes de cœur, si bien faits pour se comprendre et frappés tous les deux presque en même temps, demeureront à jamais inséparables dans leur souvenir et dans leurs regrets.

C'est ainsi que M. l'abbé Espiau étendait peu à peu sa sphère d'action dans le diocèse et se préparait lentement, mais sûrement, à l'avenir qui l'attendait. L'heure allait bientôt sonner où la Providence lui permettrait de mettre en œuvre par lui-même les riches qualités de son heureuse nature, déjà mûries par une longue expérience. Cette occasion arriva bientôt : c'est le Collège de Gimont qui eut l'avantage et l'honneur de la lui fournir.

III.

M. l'abbé de Cortade, ancien supérieur du Collège de Lectoure, devenu en 1866 supérieur au Collège de Gimont, abandonna trois ans après la direction de cet établissement. Mgr Delamarre, qui connaissait depuis longtemps les qualités de M. l'abbé Espiau, n'hésita pas à lui imposer le fardeau de cette succession. C'est ainsi que, de professeur d'Humanités, il devint tout à coup Supérieur du Collège.

Les esprits timorés et superficiels pouvaient craindre dans ses débuts un peu d'hésitation et d'inexpérience. Mais les faits dissipèrent bientôt ces appréhensions. Le nouveau Supérieur n'eut qu'à paraître pour gagner tous les cœurs. A peine l'eut-on vu qu'on l'aima : maîtres et élèves l'entourèrent de leur affection. L'estime des uns n'eut d'égal que le respect des autres

Nombreuses et diverses sont les attributions d'un Supérieur au Collège de Gimont. Le personnel très restreint dont il dispose oblige le chef de cet établissement à assumer sur sa tête les fonctions multiples de préfet des études, d'économe, de maître de discipline et d'examinateur. Parfois même, les circonstances le pressent de descendre au rôle pénible de professeur ou à la charge plus ingrate encore de surveillant.

M. l'abbé Espiau était merveilleusement doué pour occuper un poste si laborieux. Grâce à son expérience consommée, à la souplesse de son esprit, à son trésor de connaissances acquises et à la vigueur de sa florissante santé, il put faire marcher de front pendant vingt ans toutes ces occupations si délicates et si difficiles.

Non content de la direction intérieure de l'établissement, le Supérieur doit encore dans une foule de circonstances rayonner au dehors et se produire dans le monde. Il n'y a guère dans le voisinage de fête paroissiale tant soit peu importante, de solennité extraordinaire, de manifestation religieuse, de clôture de Mission dont il ne soit appelé à rehausser l'éclat par sa présence. Dans toutes ces occasions, M. Espiau se trouva toujours à la hauteur de sa tâche. On l'a vu tour à tour prêcher des premières Communions ou des Adorations dans les cités les plus populeuses et dans les villages les plus modestes. Tantôt il assistait Mgr l'Archevêque en tournée pastorale dans la contrée, tantôt il présidait lui-même une de ces cérémonies dont les populations gardent un éternel souvenir. Plus d'une fois nous l'avons vu, en tête de la fanfare du Collège, répondre à l'invitation de quelque bon curé qui voulait édifier ses paroissiens et ranimer leur foi par l'éclat d'une imposante manifestation. La mort faisait-elle un vide parmi les membres de la haute société gimontoise, c'est M. l'abbé Espiau qui était appelé à représenter le Collège. On l'a vu, il y a peu d'années, au cimetière de Gimont, figurer dans un cortège à côté d'un homme politique [1]. Celui-ci, ayant pris la parole sur la tombe du défunt et s'étant borné à l'éloge de ses vertus humaines et civiles, M. l'abbé Espiau eut tout à coup l'heureuse inspiration de combler cette lacune. Il improvisa avec un rare bonheur l'éloge des vertus chrétiennes de son héros. Ainsi la foi, la religion se trouvèrent dignement vengées, et l'éloquence du prêtre effaça l'impression pénible qu'avaient laissées dans les âmes les déclamations vides et sonores de la libre pensée.

Ses relations avec l'Université furent toujours correctes, pacifiques, je dirai presque faciles et accommodantes. Tous les inspecteurs d'Académie qui visitèrent le Collège durant le cours de sa longue administration se montrèrent non seulement satisfaits de son bon accueil, mais encore charmés de sa courtoisie. L'un d'eux, que l'on a dépeint si

1. M. Jean David, député du Gers.

dur et si intraitable, était avec lui d'une politesse exquise et d'une incroyable douceur. Cette figure vénérable, cette couronne de cheveux blancs lui imposaient le respect. Sa déférence pour M. le Supérieur semblait tenir de la vénération. Il se plaisait à lui poser des questions et à discuter avec lui sur la tenue des classes, sur la valeur et l'application des programmes, sur les ouvrages de pédagogie et les divers systèmes d'éducation. Il fallait bien que ces doctes entretiens offrissent à M. l'Inspecteur beaucoup de charme et d'intérêt, car il n'en voyait la fin qu'à contre-cœur et il semblait les prolonger à dessein pendant des heures entières.

Le progrès des études au Collège fut l'objet d'un soin tout particulier de la part de M. le Supérieur. Pour l'obtenir, il s'imposa toute sorte de sacrifices. Il se priva pour quelque temps de plusieurs de ses collaborateurs les plus dévoués, qu'il envoya prendre leurs grades à l'Institut catholique de Toulouse.

Au même but poursuivi constamment par M. l'abbé Espiau se rapportent l'organisation régulière des examens dans toutes les classes, et particulièrement un examen spécial pour les élèves ecclésiastiques qui, de la classe de rhétorique, doivent passer directement au Grand Séminaire.

Parmi les nombreux collaborateurs qui sont passés par ses mains, M. l'abbé Espiau a eu la douleur d'en voir quelques-uns succomber prématurément sous le rude fardeau de leur tâche. Mais Dieu semblait ne lui ménager ces épreuves que pour faire éclater davantage le sincère et profond attachement qu'il leur portait. Quelle sollicitude pour les malades! quelles attentions délicates pour leur famille! quelles avances généreuses! quelles prévenances pour adoucir l'amertume de leurs regrets!...

Comme si l'administration du Collège n'était pas un champ assez vaste pour son zèle et pour son activité, il y joignait l'administration d'une humble paroisse du voisinage. Le saint ministère, au lieu de le fatiguer, le reposait des labeurs de l'enseignement. « Le service de Giscaro, disait-il souvent, c'est ma poésie. » On le comprend sans peine. Ses paroissiens ne lui donnaient guère que des consolations. Il était là le roi, le père, le bienfaiteur de tous. On le vénérait, on l'aimait; on était heureux et fier de l'avoir pour curé. On eût voulu le posséder toujours. Jamais ce fidèle troupeau ne pourra se consoler de la perte d'un si bon pasteur...

Bien que les obligations du service paroissial ainsi que les devoirs de l'amitié et ses nombreuses relations au dehors eussent pu souvent fournir à M. Espiau des raisons légitimes de s'éloigner du Collège, il franchissait rarement et toujours à regret les murs de l'établissement. Ses absences forcées lui paraissaient justement préjudiciables au bon ordre de la maison. Aussi se faisait-il un devoir de ne pas les multiplier outre mesure. Nul plus que lui ne fut un homme de communauté. Sans lui, le Collège semblait découronné : il en était l'âme, il en présidait les exercices avec une incroyable ponctualité. *Toujours sur la brèche*, pour me servir d'une de ses expressions favorites, il était partout, avait l'œil à tout, se rendait compte de tout. C'est à tel point qu'on lui attribuait quelquefois *le don d'ubiquité*. Et cette imputation, loin de l'offenser, semblait lui causer un sensible plaisir. Alerte, ingambe, infatigable, il passait tour à tour et sans désemparer des dortoirs à la chapelle, de la chapelle à l'étude, de l'étude à la cour, de la cour dans les classes : fort heureux quand, arrivé dans sa chambre, il ne la trouvait pas envahie par des groupes de rhétoriciens ou de philosophes, dont il devait plusieurs fois par mois présider les examens. Il se multipliait, il avait le feu sacré : c'était l'activité perpétuelle. Et, chose étonnante, il n'éprouvait aucune peine, aucune lassitude à suivre ces exercices que tant d'autres appellent des corvées pénibles et ennuyeuses. « Ce travail-là n'est pas pour moi un mérite, disait-il en souriant, il me procure de trop vives et trop douces satisfactions ! » Mgr Dupanloup, que l'abbé Espiau avait pris pour modèle, n'eût pas désavoué ce noble sentiment.

C'est dans les jours de fêtes de famille au Collège qu'il fallait voir le bon Supérieur donner libre carrière à sa gaîté aussi bien qu'à sa générosité. Entouré de quelques amis de choix, dont la présence donnait plus d'éclat et de charme à la réunion, environné de cette centaine d'enfants qui formaient autour de lui une vivante couronne, bannissant toute contrainte et se livrant à l'heureuse inspiration du moment, ce bon père était heureux de rompre la monotonie de la vie laborieuse du Collège par quelque prodigalité exceptionnelle. Le régime quotidien gagnait à cette diversion. Après avoir rassasié généreusement l'appétit des plus gloutons par l'abondance de mets parfaitement préparés et celui des plus délicats par un délicieux supplément de gâteaux et d'autres friandises; quand le bon vin blanc avait pétillé dans les coupes; quand pour comble de luxe le café lui-même était venu compléter ce petit gala de collégiens, le bon Supérieur, heureux du bonheur de tous, éprouvait alors le besoin de donner une expression vivante à la joie de ses enfants et laissait échapper de son cœur un de ces mots piquants et joyeux qui faisait mieux sentir aux élèves le prix de sa libéralité. On faisait alors bon marché de l'étiquette et du cérémonial. La gaîté était au comble; l'esprit de famille avait prévalu un instant sur la lettre de la loi. Tous les cœurs s'étaient doucement rapprochés dans cet épanchement d'allégresse générale; la règle n'avait rien perdu, le bon esprit y avait beaucoup gagné. Mais là encore le Supérieur avait le talent de tout faire tourner au profit moral et intellectuel des élèves. Il savait toujours, suivant le précepte de son cher Horace, mêler l'utile à l'agréable. Le trait d'esprit était suivi d'un bon conseil, d'autant mieux accepté qu'il était présenté avec plus de sel et d'à-propos, et sous une forme plus familière et plus affectueuse.

IV.

Et maintenant, après ce tableau exact des occupations de M. le Supérieur, ne sera-t-on pas tenté peut-être de se demander comment il pouvait trouver dans ses journées les instants nécessaires à l'accomplissement de ses devoirs intimes de prêtre? Qu'on se rassure. M. Espiau trouva dans son activité le secret de concilier tous ces devoirs. Il joignait à sa manière le bras de Marthe au cœur de Marie; jamais l'homme d'action ne détruisit en lui l'homme de foi et de prière. Il n'aimait pas, il est vrai, les longues cérémonies, qu'il trouvait incompatibles avec l'âge et la légèreté naturelle des enfants; mais, en revanche, il les voulait bien faites et il y donnait toujours l'exemple d'un parfait recueillement. Ses pratiques de dévotion, ses prières, étaient peu nombreuses, mais toujours excellentes et bien choisies. Les professeurs du Collège lui doivent la coutume de la visite au Saint-Sacrement après les heures des repas. Telle était sa délicatesse de conscience et son profond respect pour la divine Eucharistie qu'en voyage il aimait mieux ne pas dire la sainte messe s'il devait la célébrer à la hâte ou sans une convenable préparation.

C'était dans le fond un homme d'une foi robuste, ferme, inébranlable. Quel respect pour la parole des Livres saints! quelle docilité aux décisions des conciles et des Souverains-Pontifes! On lisait cette année-ci au réfectoire l'*Histoire de Pie IX*, par Villefranche. Que de fois nous l'avons vu s'attendrir et pleurer pendant ces intéressantes lectures! Autant il était large sur les points de doctrine libres et douteux, autant il était sévère et intransigeant sur les grands et éternels principes qui sont le fondement de la vérité chrétienne. Il s'attachait surtout à la moelle et à la substance de la doctrine, sans toutefois en dédaigner les fleurs.

Dans ses tournées en classe, le samedi soir, après la lecture des notes hebdomadaires, il ne manquait jamais de rappeler aux élèves les devoirs de la confession et de la communion mensuelles. Il demandait même davantage, et il n'avait point de peine à l'obtenir. La communion fréquente au Collège est passée en habitude, non seulement parmi les congréganistes, mais encore parmi la plupart des autres élèves.

La bonne tenue pendant les prières le préoccupait beaucoup; et que de fois l'avons-nous entendu adresser sur ce sujet les plus pressantes recommandations! « La piété est le tout de l'homme, disait-il; *pietas ad omnia utilis est :* l'écolier qui ne prie pas n'est pas béni de Dieu. » Et sa voix prenait alors un ton d'autorité, un accent de conviction grave et profonde qui impressionnait vivement ses jeunes auditeurs.

Sa foi était aussi humble que sincère. Quelques jours à peine avant sa mort, il se jetait humblement à terre aux pieds d'un de ses jeunes professeurs, à genoux sur le pavé de la chambre, et il le priait de vouloir bien entendre sa confession. Ce trait ne nous rappelle-t-il pas l'humilité de saint Vincent de Paul? Et puisque le nom de saint Vincent de Paul vient ici naturellement se placer sous notre plume, qu'on nous permette de dire à quel point M. l'abbé Espiau était animé de l'esprit de charité de ce grand saint. On vint lui dire un jour que la Conférence de Saint Vincent de Paul à Gimont était en détresse; les pauvres abondaient plus que jamais et la caisse était presque vide. L'association, déconcertée par cette crise inattendue, courait le risque de se dissoudre ou tout au moins de suspendre pendant quelque temps ses visites et ses distributions de secours. C'était au cœur de l'hiver; les pauvres étaient alors au comble de la souffrance. Que faire? La Conférence avait compté sans M. le Supérieur et sans le personnel du Collège. M. l'abbé Espiau eut l'heureuse inspiration de faire appel au bon cœur des maîtres et des élèves. Sa voix fut aussitôt entendue. A son exemple, on se cotisa, on s'encouragea, on rivalisa de zèle et de dévouement : les aumônes affluèrent. La Conférence de Saint Vincent de Paul était sauvée.

De ce jour date au Collège l'organisation d'une ligue de charité qui a rendu à Gimont les plus grands services. Grâce à elle, nous l'espérons, il n'y a plus à craindre de déficit dans les caisses de la Société de Saint-Vincent-de-Paul.

On pourrait ici raconter mille autres traits de la charité de M. l'abbé Espiau. Nous nous bornerons à citer celui-ci, qui nous a été révélé par une lettre toute confidentielle. Voici comment s'exprime notre honorable correspondant :

« Permettez-moi, monsieur l'abbé, de vous raconter un trait de la générosité de cet excellent ami : Il y a peu de temps, je dirai même peu de jours, m'occupant de quelques intérêts qu'il m'avait confiés, je reçus une lettre par laquelle il me disait d'envoyer à un bon curé une somme assez importante qu'il destinait à un établissement religieux. J'envoyai cette somme que j'avais touchée pour lui. Comme vous le voyez par ce fait, M. l'abbé Espiau n'avait pas attendu sa dernière heure pour réaliser ses projets et satisfaire les nobles et généreuses aspirations de sa charité. »

V.

Tel est cet heureux ensemble de qualités humaines et de vertus sacerdotales qui ont fait de M. l'abbé Espiau un des supérieurs les plus estimables et les plus sympathiques dont le Collège de

Gimont puisse s'enorgueillir. Administrateur hors ligne, il fut en outre un prêtre modèle, animé d'un grand esprit de foi et de charité. Sous ses auspices, la prospérité de l'établissement alla croissant de jour en jour. La suffisance des recettes marcha de pair avec l'amélioration morale et intellectuelle des classes. L'ouvrier a dignement couronné son œuvre; de l'aveu de tous, ces trois dernières années scolaires méritent de compter à jamais parmi les plus belles que le Collège ait enregistrées dans sa longue et glorieuse histoire de trois cents ans.

Sans doute, c'est bien à M. Espiau qu'il faut faire honneur de l'état florissant dans lequel il a maintenu et laissé le Collège. Mais ne serait-il pas injuste d'oublier ici cette phalange de zélés et intelligents collaborateurs qui l'ont de tout temps si bien et si généreusement secondé dans son œuvre? M. l'abbé Espiau a trouvé encore un élément puissant de succès dans le zèle éclairé, le bon esprit et la droiture de l'excellent curé-doyen de Gimont qui, plein de sollicitude pour toutes les œuvres de sa paroisse, n'a jamais cessé de prendre un intérêt plus spécial à la prospérité de notre établissement.

De son côté, la municipalité gimontoise a toujours prêté à M. Espiau un gracieux et bienveillant concours pour l'entretien du Collège toutes les fois qu'il s'est agi d'obtenir des améliorations réelles ou de faire des réparations jugées indispensables.

Gardons-nous enfin, au risque d'alarmer sa modestie, de passer sous silence le nom de cette bonne religieuse de la Providence, la digne et vénérée Sœur Anselme, que l'abbé Espiau eut la bonne fortune de trouver dans l'établissement. Malgré d'accablantes fatigues et l'épuisement de sa santé, elle est resté là, pendant près de trente ans, au poste d'honneur et de dévouement que Dieu lui avait assigné. Certainement, le collège doit à son abnégation, à son esprit d'ordre et d'économie une bonne part de sa prospérité.

M. l'abbé Espiau laisse après lui une sœur unique, âgée de soixante-quinze ans, veuve, presque infirme, et qui va maintenant se trouver seule au monde. C'est une femme généreuse et bienfaisante, une chrétienne robuste, qui a déjà eu depuis longtemps trop d'occasions de faire connaissance avec la douleur et avec la mort. Selon les ordres exprès de cette excellente sœur et conformément au désir qu'il avait récemment exprimé lui-même, le corps du vénéré défunt a été transporté directement de Luchon à Miradoux et déposé dans le cimetière de sa paroisse natale. La cérémonie d'inhumation, présidée par M. l'abbé Bénac, au nom de Mgr l'Archevêque, a été des plus solennelles et des plus émouvantes.

La ville de Gimont, qui a eu la bonne fortune d'être pendant vingt ans le principal théâtre de sa bienfaisance et de son zèle, aurait bien voulu déposer sur le cercueil du bien-aimé supérieur un suprême hommage de gratitude et de respect. Mais des raisons graves et invincibles, que les gens sérieux comprendront, se sont opposées à la réalisation de ce pieux désir. On a célébré dans cette ville, le 24 octobre 1889, un service funèbre pour l'âme de M. l'abbé Espiau. Ses amis, ses obligés, ses élèves, ses fidèles paroissiens de Giscaro, toute la population gimontoise ont pu alors apporter au bon Supérieur le tribut de leurs souvenirs et de leurs larmes, et lui témoigner dignement leur affection et leur pieuse reconnaisssance.

NOTA

Pour satisfaire au pieux désir de quelques fidèles amis de M. l'abbé Espiau et de plusieurs autres personnes que nous vénérons et auxquelles il nous est bien doux de plaire, nous nous faisons un devoir de compléter la précédente notice en y ajoutant le discours prononcé à l'occasion du service solennel célébré, le 24 octobre, dans l'église paroissiale de Gimont.

ÉLOGE FUNÈBRE

DE

M. L'ABBÉ ESPIAU

Supérieur du collège de Gimont.

« *Qui seminat in benedictionibus de benedictionibus et metet.*

« Celui qui sème dans les bénédictions moissonnera des bénédictions. »

BIENS CHERS FRÈRES,
CHERS ÉLÈVES,

Il y a deux mois à peine que nous nous étions séparés et que nous avions quitté cette chère ville de Gimont, si bonne, si religieuse et si hospitalière pour nous. « Au revoir ! » nous disions-nous alors ; « au revoir, à la rentrée prochaine ! » Nous nous retrouvons enfin aujourd'hui comme les membres d'une famille dispersée qui reviennent au foyer paternel et se jettent doucement dans les bras l'un de l'autre. Ils se félicitent de leur retour, ils se souhaitent mutuellement la bienvenue, ils se comptent, ils sont charmés de se revoir ensemble tous pleins de santé, de joie et de bonheur.

Hélas ! que notre situation en ce moment est différente de celle de cette heureuse famille ! Le jour de notre séparation était un jour de fête ; on n'entendait partout que des concerts de joie, des éclats de rire, des applaudissements chaleureux et des acclamations triomphantes. Tous les fronts étaient rayonnants d'espérance. Partout, c'étaient des signes de victoire, des palmes, des couronnes ; et cet heureux présent nous permettait d'espérer un non moins heureux avenir. Mais, grand Dieu, que s'est-il donc passé ? Comme tout a changé ! comme la joie a soudain fait place au deuil et à la tristesse ! Au lieu de l'appareil de l'exultation et du triomphe, mes yeux n'aperçoivent de toutes parts que les signes lugubres de la désolation et de la mort : un catafalque tendu de noir, de sombres tentures, des flambeaux funèbres, des vêtements de deuil, des fronts voilés et des yeux noyés de larmes.

Que s'est-il donc passé, je vous le demande ? Est-ce que l'un des membres de la famille manquerait au rendez-vous ? Et cet absent serait-il tombé en route pour ne plus revenir ? Mes Frères, vos cœurs ont déjà répondu à cette poignante question. Oui, il y a un absent qui manque à l'appel ! oui il y a un pauvre et cher défunt qui ne reviendra plus !

Et pour comble de malheur, celui-là ce n'est pas un membre secondaire de la famille ; c'est la tête même, c'est le chef, c'est le roi, c'est le pasteur du troupeau; c'est le père bien-aimé de tous ; celui qui était le soutien, la vie, l'ange tutélaire, la providence même du Collège; celui qui nous combla le plus de ses bienfaits et conquit le plus de droits à notre affection ; celui qui fut dans toute la force du terme un homme de cœur, un homme d'honneur et de devoir et qui, après avoir durant sa vie semé tant de fois dans les bénédictions, moissonne aujourd'hui tant de bénédictions sur la terre, faible image, j'en ai la douce confiance, des bénédictions qu'il a déjà reçues dans le ciel.

Vous connaissez déjà en détail les œuvres de cette carrière si féconde et si bien remplie. Durant vingt ans la ville de Gimont, et depuis plus de quarante ans le diocèse tout entier ont pu apprécier dignement le caractère de M. l'abbé Espiau, son zèle, son dévouement, ses vertus. On ne peut se rappeler sans un sentiment de respect et d'admiration la générosité de son cœur, la distinction de son intelligence, la simplicité et la dignité de ses manières, son esprit pratique relevé du tact le plus exquis, son affabilité, sa loyauté et sa franchise, son infatigable activité, son humilité touchante, sa charité envers les pauvres de Jésus-Christ, sa foi vive et profonde, sa libéralité et sa fidélité envers ses amis ; enfin, tout cet ensemble de vertus humaines et sacerdotales, de qualités physiques intellectuelles qui donnaient tant de charme à sa personne et faisaient de lui un homme d'un mérite exceptionnel, aimable et utile entre tous, un des membres les plus éminents et les plus estimés de notre excellent clergé diocésain.

L'éloge de M. Espiau n'est donc plus à faire dans une assemblée d'élite comme celle-ci, où il ne compte que des obligés, des amis fidèles, des admirateurs sincères ; devant des auditeurs qui lui prodiguent à l'envi leur estime, leurs regrets et leurs larmes. Tout ce que je puis faire, c'est d'unir mes larmes à vos larmes, mes regrets à vos regrets, mes prières à vos prières. Hélas ! étouffant le cri de notre douleur filiale, nous devons cependant aujourd'hui, pour satisfaire à la reconnaissance et au désir de vos cœurs, rendre à notre cher défunt un suprême et solennel hommage. Et pour remplir ce pieux devoir, on n'a pas été choisir un vétéran de la parole, un de ces aînés du sanctuaire qui sont la gloire de l'Église, un de ces princes de la science et de l'éloquence diocésaine; mais on a désigné le plus humble, le dernier de ses enfants, sans doute afin qu'il pût à plus juste titre parler au nom des enfants et pour accomplir une fois de plus cette parole des Saintes Écritures : « Mon Dieu, vous avez rendu parfaite la louange de la bouche des enfants. » Je me propose donc, conformément au vœu qui m'a été exprimé, avec la grâce de Dieu et l'appui de votre sympathique bienveillance, de vous dire en quelques mots ce que le bon Supérieur a été dans ses rapports avec ses collaborateurs, avec ses élèves, avec les ecclésiastiques qu'il admit dans son intimité ; je vous raconterai ensuite les circonstances les plus touchantes et les plus consolantes de sa mort.

I.

Le premier devoir d'un Supérieur de communauté chrétienne, c'est d'avoir pour ses collaborateurs une affection surnaturelle, sans bornes, à toute épreuve, semblable à celle que Notre-Seigneur Jésus-Christ avait pour ses disciples. A cette condition seulement on verra régner entre tous les membres cette union qui fait la force et cette sympathie qui fait le bonheur.

Or, tel fut l'attachement de M. l'abbé Espiau envers ses professeurs. Dire qu'il avait pour eux un cœur de père, c'est répéter inutilement ce que nos auditeurs ont entendu dire mille fois. Ils le savent par expérience tous ceux qui ont eu l'honneur de partager avec lui l'œuvre si noble et si belle, mais parfois si pénible de l'enseignement. N'est-ce pas, chers et vénérés confrères, vous qui avez été nos devanciers au Collège et qui restez encore nos modèles ; vous qui devriez ici parler à ma place si la parole était toujours à la prudence, au mérite et à la vertu ; n'est-ce pas vrai que vous avez toujours trouvé en M. l'abbé

Espiau moins un maître qu'un ami? Avez-vous eu une difficulté qu'il n'ait aplanie, une peine de cœur qu'il n'ait adoucie et consolée, un vœu légitime auquel il n'ait donné prompte satisfaction? Quand le fardeau de votre tâche professorale a paru trop lourd pour vos épaules fatiguées ou malades, n'a-t-il pas été là pour en alléger le poids et le partager avec vous? Jamais, non jamais, aucun de ses professeurs n'a vainement fait appel à ses lumières, à sa complaisance, à son dévouement, à sa générosité.

Mais, hâtons-nous de l'ajouter, M. le Supérieur ne se contentait pas de les aimer durant les années souvent rapides de leur séjour au Collège, il demeurait encore longtemps après leur ami, leur conseiller et leur protecteur. Il les suivait des yeux et du cœur, dans les étapes successives de leur carrière sacerdotale. Il s'intéressait à leurs projets, encourageait leurs œuvres, et leur faisait au besoin des avances d'argent, soit pour la réparation de leurs églises, soit pour l'ornement ou le confortable de leurs presbytères. Les visiter, les éclairer, les soutenir dans les embarras et les difficultés du saint ministère était pour lui un véritable bonheur. Nous avons eu la douce satisfaction d'entendre Monseigneur l'Archevêque proclamer hautement que ses recommandations étaient du plus haut prix aux yeux de Sa Grandeur et qu'il en serait toujours tenu bon compte.

Permettez-moi d'évoquer ici de cruels souvenirs. Parmi les nombreux collaborateurs qui sont passés par ses mains, M. l'abbé Espiau a eu la douleur d'en voir quelques-uns — et des meilleurs — succomber prématurément sous le rude fardeau de leur travail.

Mais Dieu semblait ne lui ménager ces épreuves que pour faire éclater davantage le sincère et profond attachement qu'il leur portait.

Quelle sollicitude pour les malades! quelles attentions délicates pour leur famille ! quelles avances généreuses ! quelles prévenances pour adoucir l'amertume de leurs regrets!!!

O père bien-aimé, au nom de toutes ces familles que vous avez obligées et secourues et dont les noms cachés par vous se trouvent inscrits par la main des anges dans le grand Livre d'or du ciel;

Au nom de tous vos collaborateurs vivants ou morts que vous avez tant aimés et dont je ne suis que l'humble interprète, je dépose aujourd'hui pieusement sur votre cercueil l'hommage suprême de la plus profonde gratitude. C'est la première couronne qui vous est due et que j'ai l'honneur de vous offrir.

II.

Et vous aussi, chers élèves, à l'exemple de vos maîtres, vous lui devez une larme d'amour, une prière de reconnaissance; vous lui devez surtout (et je vous le demande) un souvenir dans votre prochaine communion. Oh ! rendez grâces à Dieu de vous avoir placés sous sa paternelle direction ! Vous le savez, en effet, l'affection qu'il avait pour ses élèves allait jusqu'au dévouement, jusqu'à l'indulgence, et passez-moi le mot qui du reste est tout à son éloge, jusqu'à la faiblesse même. Il aimait à les récompenser et ne pouvait qu'à grand'-peine se résoudre à les punir. Et même alors quels ménagements délicats pour ôter à la punition tout ce qu'elle pouvait avoir d'humiliant et d'odieux, tant était grande la bonté de son cœur ! Il s'occupait non seulement de l'instruction des enfants et de leur éducation, mais encore il veillait sur leur santé avec un soin et des attentions que n'eût point désavoués la meilleure des mères.

Il savait que loin de l'aile maternelle les enfants ont besoin d'une providence toujours présente. Ce bon Supérieur était pour eux le représentant, l'image visible, l'instrument actif de cette providence.

Toutefois, il vous en souvient, hélas ! mes chers amis, et votre cœur en a cruellement saigné, la mort trompant sa vigilance et sa sollicitude vint tomber quelquefois dans vos rangs et frapper quelques-unes de ces têtes chéries. Mais alors avec quel zèle infatigable l'abbé Espiau lui disputait ses victimes ! On sentait bien qu'il aimait tous ses élèves comme ses enfants, et qu'il voulait à tout prix conserver à leurs familles ces trésors qu'on lui avait confiés. Heureusement, Dieu lui envoya rarement ces épreuves terribles qui eussent brisé son cœur et sa vie. L'état sanitaire du Collège fut en général excellent. La santé prospère des élèves faisait sa joie et son orgueil ; il aimait à les voir pleins de vie et d'entrain. Et comme il était heureux à la fin de l'année de rendre aux parents ces jeunes collégiens grandis non seulement en science et en âge, mais encore en force et en vigueur, le front ceint de couronnes et les mains chargés de lauriers, récompenses de leur application et de leur travail.

Dernièrement encore, nous prenions plaisir à le voir présenter à Monseigneur cette brillante légion de jeunes bacheliers que, sept ou huit ans auparavant, il avait reçus tout enfants, et qui, sous sa main, étaient devenus de fiers et robustes jeunes gens, j'allais dire presque des soldats et des hommes.

Les élèves du sanctuaire étaient de sa part l'objet d'une attention spéciale. Il attachait à la formation de ces derniers la plus grande importance, surveillait de près leurs travaux, se rendait compte de leurs notes, poussait parfois la complaisance jusqu'à lire et corriger leurs copies. Il entrait même en leur faveur dans les plus minutieux détails de la vie matérielle de l'écolier. Cela peut de prime abord paraître insignifiant; mais rien n'était petit à ses yeux dès qu'il s'agissait de donner à l'Église d'excellents prêtres, surtout à cette heure de crise redoutable et solennelle où, contrairement aux droits de Dieu, une législation inique, aussi funeste à la France qu'à l'Église, s'efforce de les lui ravir en les arrachant violemment aux exercices de la prière, de la retraite et des études sacrées pour les forcer à vivre dans un milieu où leur vocation sera exposée aux plus grands dangers.

Ses anciens élèves, à leur tour, ne l'oubliaient pas. Incapables d'indifférence ou d'ingratitude envers un père si bon et des maîtres si dévoués, ils aimaient à revenir au Collège comme les hirondelles au printemps reviennent au pays qui les a vues naître. Ils y étaient reçus comme chez eux, avec empressement, avec cordialité. Leur visite était une fête pour tous, particulièrement pour le bon Supérieur. Chacun trouvait auprès de M. Espiau un accueil et des égards proportionnés à son mérite; mais tous se retiraient également touchés de son affection et de ses marques de bonté. — Messieurs, au nom de vous tous, qui avez été ses élèves d'ancienne ou de fraîche date, soit au Petit-Séminaire d'Auch, soit au Collège de Gimont, je dépose sur son cercueil une deuxième couronne : celle de vos pieux souvenirs, de votre reconnaissance, de votre respect et de votre amour filial.

III.

Dans ces derniers temps, M. le Supérieur, grâce à sa prudence consommée, était considéré comme le patriarche du clergé dans toute la région dont Gimont est le centre. Son prestige rayonnait au loin, et tous, prêtres et fidèles, étaient unanimes à reconnaître et à respecter son autorité morale.

Que de fois il remplit à l'égard des uns et des autres le rôle d'arbitre et de conciliateur. Un desservant du voisinage se trouvait-il malade, ou bien des raisons majeures le forçaient-elles de s'absenter, il pouvait en toute confiance frapper à la porte du Collège ; M. le Supérieur, toujours prêt à rendre service lui venait en aide par lui-même ou mettait à sa disposition un de ses jeunes et zélés professeurs qui portent partout dans les paroisses voisines la bonne odeur de leurs vertus avec le secours de la parole évangélique. Aussi quel bon rapport entre le personnel du collège et les curés des localités environnantes ! Le Collège était à leurs yeux comme une maison de famille où ils aimaient à venir se reposer des fatigues du ministère ou des ennuis de l'isolement. Le Supérieur les accueillait toujours avec bonté. Desservant lui-même (car il avait pris à sa charge la paroisse de Giscaro), il savait par expérience tout ce qu'un humble curé de campagne peut avoir besoin de sympathie, d'affection et d'encouragement. De là cette bienveillance avec laquelle il traitait ses modestes confrères. Jamais il n'affectait à leur égard des airs de supériorité : *Primus inter pares*, telle était sa devise. Aussi quelle affabilité, quelle condescendance ! Impossible de mieux entendre et pratiquer la charité fraternelle. De toutes les qualités qu'il posséda, aucune, Messieurs, n'est plus propre à toucher vos cœurs ; aucune ne l'honore davantage et ne lui vaut de plus légitimes regrets.

C'est pourquoi, ô père bien-aimé, au nom de tous ces pieux et zélés confrères, qui furent vos familiers et vos intimes; au nom de tous vos amis ecclésiastiques ou laïques qui nous ont fait l'honneur de s'unir à nous dans cette triste cérémonie, et plus particulièrement au nom du digne et vénéré curé-doyen de la paroisse de Gimont, auquel vous étiez lié par les liens d'une estime et d'une amitié plus spéciales ;

Au nom de votre honoré prédécesseur[1] dont vous avez continué heureusement l'œuvre si utile et si désintéressée;

Au nom de la municipalité gimontoise qui sut apprécier vos mérites et vous prêta constamment un si généreux concours;

Au nom de la conférence de Saint Vincent de

1. M. Roujon, chanoine, ancien Supérieur au Collège de Gimont, au Petit Séminaire d'Eauze et au Petit Séminaire d'Auch, présent à la cérémonie.

Paul, qui vous comptait parmi ses zélateurs les plus dévoués :

Au nom du Bureau de bienfaisance, que vous aimiez à soutenir de vos largesses et de vos sympathies ;

Au nom des Communautés religieuses de la ville qui vous entouraient de leur vénération ;

Au nom de vos chers paroissiens de Giscaro, qui pleurent encore votre perte ;

Au nom des vieillards et des enfants ; au nom des magistrats et des ouvriers, au nom des riches, au nom des pauvres, au nom de tous, je vous offre pieusement une troisième couronne avec l'hommage du plus profond respect et de la plus légitime admiration.

Pendant vingt ans vous avez eu sous la main un personnel de douze prêtres, plusieurs générations de cent cinquante à cent soixante-dix élèves, l'avenir et l'honneur d'une foule de familles, l'espérance du grand séminaire et du clergé, la responsabilité morale, financière, matérielle de l'établissement ; et voilà qu'après vingt ans de cette lourde responsabilité vous avez eu le privilège rare, unique pour ainsi dire, de vous endormir glorieusement, paisible et honoré, passant à votre successeur le drapeau du collège sans tache, pur de tout scandale, de toute misère et de toute défaillance. Vous laissez page blanche dans votre vie, page blanche dans le personnel de vos collaborateurs, page blanche dans la réputation et l'honneur de vos élèves. C'est là un résultat superbe, digne d'envie, au-dessus de toute espérance, et qui, tout en donnant la mesure de vos qualités personnelles, prouve que Dieu bénissait votre œuvre et se servait de vous comme d'un instrument admirable pour empêcher le mal et faire le plus grand bien.

IV.

Messieurs, si j'écoutais le désir de vos cœurs, je pourrais et je devrais m'étendre encore bien longtemps sur la vie, le caractère et les vertus de notre cher défunt ; mais tel n'est point l'objet principal de cette courte allocution. Ce que je vous dois avant tout, ce que votre piété demande avec plus d'instances, c'est l'histoire et le récit de sa mort.

Elle est survenue, on le sait, dans les circonstances les plus émouvantes et les plus tragiques. Mais tout nous porte à croire qu'en frappant le digne Supérieur, elle ne l'a point surpris. Il était du nombre de ces bons et fidèles serviteurs (*fidelis servus et prudens*) qui sont toujours prêts à rendre compte au Souverain Maître de leur administration, et qui ont fait produire au centuple les talents confiés à leur industrieuse vigilance. Du reste, il semble avoir eu le vague pressentiment de sa fin prochaine. Deux légères attaques qu'il avait eues au Collège durant le courant de l'année, et qu'il avait tenues soigneusement cachées, devaient en être à ses yeux les symptômes et les signes avant-coureurs. Le souvenir de son cher ami, l'abbé Lafforgue, enlevé naguère à son affection, hantait toujours son esprit [1]. Il préparait un asile pour ses derniers jours. Il fixait avec sa sœur le lieu de sa sépulture. Il tenait sa comptabilité avec une lucidité, une exactitude, un ordre parfait qui a excité l'admiration de l'autorité diocésaine et de tous ceux qui ont dû en prendre connaissance. Il mettait un ordre non moins scrupuleux dans les affaires de sa conscience; et vous savez, mes frères, qu'à la fin de cette année scolaire, quatre ou cinq jours avant sa mort, il entrait dans la chambre d'un de ses professeurs, le priait d'entendre sa confession, tombait humblement à ses genoux, et, frappant sa poitrine, lui demandait, au nom de Dieu, l'absolution de quelques imperfections qui

1. Une personne digne de foi nous écrit à ce sujet :

« Le 8 août, M. le Supérieur est venu nous voir et nous eumes le plaisir de passer ensemble la soirée. Je dois vous avouer, Monsieur l'abbé, que sa gaieté toujours si franche, si communicative et si vraie me parut un peu forcée. Plus de ces récits dont la phrase spirituelle, originale et la note gaie faisaient trouver trop courts les quelques instants que l'on passait avec lui. Il paraissait rêveur, presque triste; j'ai vu le moment où j'allais lui demander le motif de cette tristesse, si en dehors de son caractère; son cœur déborda, et avec un soupir de regret, il me dit : « Hélas! autrefois un ami qui n'est plus aurait partagé avec moi, près de vous et de votre famille, les joies de « cette réunion. » Vous l'avez déjà deviné; l'absent, qui en ce moment occupait sa pensée toute entière, c'était M. l'abbé Lafforgue, notre ami commun, qui a toujours tenu une si grande place dans le cœur si bon et si aimant de celui que nous pleurons aujourd'hui. »

avaient pu ternir la splendeur de sa belle âme sacerdotale. C'était sa confession de la bonne mort.

Ainsi notre vénéré Père, suivant le sage conseil des saintes Écritures, ne perdait point de vue la pensée de la mort. Il l'attendait, il la voyait pour ainsi dire venir, et le fatal dénouement, imprévu de tous, excepté de lui seul, ne fit que réaliser ses secrètes appréhensions. Il était prêt : Dieu n'avait plus qu'à l'appeler à lui. Ce fut le 10 août, dans le cours d'un de ses charmants voyages, après une suite d'événements heureux, qui tous, par une délicate attention de la Providence, semblaient concourir à lui rendre la mort plus douce et le repos du ciel plus assuré.

Très honoré et justement fier des brillants succès que son établissement venait de remporter à la fin de l'année scolaire, M. l'abbé Espiau, accompagné de presque tous ses professeurs, avait mis à profit les premiers jours de ses vacances pour venir à Lourdes rendre à la Vierge de Massabielle de pieuses actions de grâces et respirer ces doux parfums de foi et de prière qui s'exhalent autour de la Grotte bénie. Il eut la joie d'assister aux grandes fêtes de la bénédiction de la nouvelle basilique du Rosaire. Les merveilles dont il fut alors témoin l'avaient plongé dans l'enthousiasme. Il prit congé de ses collègues après les avoir édifiés par sa piété et sa ferveur, et leur avoir prodigué les gages de la plus touchante affection. La veille de son départ il s'était rendu à la maison des Pères, et avait présenté ses hommages à Mgr Gouzot, archevêque d'Auch. Le bon prélat l'avait accueilli avec un gracieux sourire et lui avait adressé cet adieu touchant qui devait, hélas ! être le dernier. Nous étions là tous ensemble, joyeux, unis comme des frères, baisant la main de notre père commun qui nous bénissait et nous disait plusieurs fois : « Au revoir ! » Nous le quittâmes le cœur charmé de tant d'affabilité et louant à l'envi son exquise bienveillance. Jamais alors nous n'aurions pensé à ce qui allait arriver, et rien ne fut si loin de notre esprit que l'idée d'une éternelle séparation.

Grand Dieu ! que les desseins de votre providence sont mystérieux, impénétrables ! Voilà donc l'heure que votre divine miséricorde avait choisie pour frapper ce grand coup qui devait nous plonger tous dans une si amère douleur ! Vous vouliez refuser à notre piété filiale la consolation d'assister à ses derniers moments ce père bien-aimé dont nous aurions été si heureux de recevoir le dernier soupir. Vous vouliez, ô mon Dieu, qu'il n'eût alors d'autre ami, d'autre consolateur que vous-même ; et c'est ainsi que seul, loin de sa sœur bien-aimée, loin de ses enfants, loin de tout cœur ami, sous le regard de son ange gardien, il a laissé tomber sa tête dans vos mains divines, comme Jésus mourant sur la croix, et il s'est endormi dans les bras de votre infinie bonté !

A côté de lui, derniers témoins de son agonie et

de ses élans d'amour vers Dieu, étaient son scapulaire, son chapelet et son bréviaire. Ce dernier se trouvait marqué à la dernière page d'une feuille volante servant de signet pour l'office du jour, en tête de laquelle étaient écrits en grandes lettres ces deux mots : Je mourrai. A la suite, on lit un acte de recommandation de l'âme à Dieu au moment de la mort. C'est probablement la dernière prière sortie des lèvres et du cœur de M. l'abbé Espiau avant de mourir : touchant motifs de consolation pour ceux qui l'aimaient et qui le pleurent.

Les bonnes religieuses de Saint-Vincent-de-Paul, dignes sœurs de celles de Gimont par leur dévouement et par leur zèle, le reçurent chez elles comme dans une nouvelle famille, veillèrent sur sa dépouille mortelle et la gardèrent comme un trésor. Le corps fut étendu sur un modeste lit de parade, orné de guirlandes et de verdure, entouré de quelques cierges allumés. Sur la tête un léger voile à travers lequel on pouvait sans peine distinguer les traits du vénéré défunt. La mort qui l'avait frappé si subitement dans la plénitude de ses forces et de sa santé avait à peine altéré et flétri sa fraîche et rayonnante figure. On éprouvait je ne sais quel indicible et mystérieux plaisir à reposer de temps en temps ses yeux sur ce visage si beau, si serein, si épanoui, et qui semblait encore éclairé des doux reflets de la joie et du sourire. On eût voulu lui parler et il semblait qu'il pût encore entendre et comprendre. Vaines illusions de la piété et de la charité chrétiennes devant la mort. Hélas ! c'était fini ; bien fini pour toujours !

Les Sœurs de l'hospice de Galan, dont il était le bienfaiteur, et qui se trouvaient alors de passage à Luchon, vinrent prier dans la chambre mortuaire et furent les premières à le reconnaître. Elles vous remplacèrent, nos bonnes et vénérées Sœurs du collège, vous qui peut-être pouviez vous croire destinées à lui fermer les yeux... Un religieux lazariste, son commensal et son ami depuis deux jours, se fit un pieux devoir de le veiller pendant la nuit. Merci à ce noble et fidèle ami de la dernière heure, que Dieu, dans son infinie miséricorde, semble avoir voulu envoyer au bon Supérieur pour lui apporter l'hommage des premiers regrets et le secours des premières prières. Il a occupé dignement à notre place un poste que nous lui envions. Encore une fois, merci ! Cet homme de cœur est demeuré un inconnu pour nous ; mais nous lui envoyons d'ici la sincère expression de notre reconnaissance.

Le convoi devait partir de Luchon, le lundi 12 août, par le train de deux heures huit minutes du soir. Nous nous sommes rendus à la gare, accompagnés de l'excellent aumônier de l'hospice. Vous dire quels témoignages de sympathie nous avons reçus en ce moment serait impossible. On nous considérait comme les enfants de M. le Supérieur et toutes les personnes présentes s'associaient à notre bien légitime douleur. Ceux qui l'avant-veille avaient été les compagnons de route de M. l'abbé Espiau restèrent avec nous jusqu'au dernier moment et ne nous quittèrent qu'après nous avoir serré cordialement la main.

Il était près de midi, le lendemain 13 août, quand nous arrivâmes à Miradoux. Déjà toute la ville était en mouvement; on sentait bien que la triste nouvelle était arrivée là comme un coup de foudre et que tout le monde en était atterré. Aussi vous auriez vu, sur le passage du convoi, les paysans interrompre leurs travaux et s'agenouiller dans la campagne. Des jeunes gens, des ouvriers que nous avons rencontrés en chemin se sont découverts avec respect devant le char funèbre. On lisait sur leurs visages l'expression d'une profonde sympathie. A l'entrée de la ville, les hommes, les femmes, les vieillards, tous accouraient en foule, fléchissaient les genoux, faisaient le signe de la croix et se couvraient la tête de leurs mains comme pour cacher leur émoi et leurs larmes. C'était la preuve frappante de l'affection et des regrets que M. le Supérieur laisse dans le cœur de ses compatriotes. Vivant il avait joui constamment de leur estime; mort il devenait l'objet de leur culte et de leur pieuse vénération.

PÉRORAISON.

Voilà, chers élèves, comment et dans quelles circonstances est mort cet ami de l'enfance, cet ange tutélaire de vos jeunes années, ce noble et généreux bienfaiteur : mort comme il a vécu, mort sans connaître la souffrance ni la maladie, mort, pour ainsi dire, debout comme un soldat les armes à la main; mort au milieu des scènes les plus grandioses de la nature, près de ces belles montagnes qui lui offraient l'image de la grandeur de Dieu, sur ces sommets sublimes où l'on respire un air plus pur, où les yeux s'enivrent d'azur, de soleil et de lumière; dominant le terre-à-terre et les passions humaines, plus loin des hommes, plus près du ciel; mort en priant, après avoir eu la douce consolation de célébrer à Lourdes le saint sacrifice, et de recevoir pour ainsi dire le viatique des mains de la sainte Vierge elle-même; mort en égrainant la couronne du Rosaire, ou en murmurant les paroles du saint office ou en baisant dans son scapulaire l'image de la bonne Mère du ciel; mort en remettant doucement son âme entre les mains de Dieu.

C'est ainsi qu'il nous a quittés, alors que nous eussions voulu le posséder longtemps, bien longtemps encore. Quittés, je me trompe! Il me semble le voir lui-même prendre ici la parole et nous répéter les derniers mots que sa bouche mourante dut prononcer avant de rendre le dernier soupir : c'est l'adieu suprême que le bienheureux saint Xiste adresse à son diacre Laurent avant de consommer son martyre. Le jeune homme déplore la mort de son père. Le vieillard le console, et lui dit : *Fili, non ego te derelinquo; sed majora tibi debentur pro fide Christi certamina.* O mon fils, ô vous tous, mes enfants, je ne vous abandonne pas. Non! Malgré la mort qui va me séparer de vous et me rendre invisible à vos yeux de chair, je reste auprès de vous!

J'y reste par l'esprit et par le cœur..., par le souvenir et par la prière..., par la grâce de protection que je ne cesserai de vous obtenir et de vous envoyer du haut du ciel!

J'y reste dans la personne de ce nouveau Supérieur[1], de ce nouveau père que Dieu vous a donné et qui fera revivre ma sollicitude, ma bonté, mon dévouement et mon zèle. Mes enfants, aimez-le comme vous m'aimiez : c'est moi qui vous l'envoie, et c'est un autre moi-même. Trois jours avant ma mort, je ne sais par quelle inspiration de la divine Providence je suis allé le trouver chez lui au séminaire d'Auch, je lui ai fait mes derniers adieux, et, lui prenant la main, je lui ai

1. M. l'abbé Lucien Campistron, chanoine honoraire, ancien professeur de philosophie au Petit Séminaire d'Auch, successeur de M. l'abbé Espiau.

remis l'héritage de mon autorité et de mon amour pour vous... Non, non, mes enfants, je ne vous ai point quittés; mais vous, écoutez la dernière recommandation de votre père partant pour les cieux : *Majora tibi debentur pro fide Christi certamina.*

O mes enfants! tenez-vous bien pour avertis : de plus grands combats vous attendent pour la foi du Christ, soyez prêts à les soutenir courageusement. Moi, je suis heureux dans le ciel, à l'abri des orages et des tempêtes de la vie; mais vous, de nouvelles luttes et de nouvelles épreuves vous attendent dans ce séjour de larmes : épreuves pour votre foi, épreuves pour l'innocence de vos mœurs, épreuves pour votre courage, pour votre patriotisme, pour votre vocation, pour vos affections les plus chères.

Eh bien! mes enfants, si vous voulez être vraiment dignes de moi, marchez avec confiance vers l'avenir, soyez fidèles aux leçons et aux exemples que je vous ai donnés, surtout apprenez par mon expérience à vous tenir toujours prêts à comparaître au jugement de Dieu.

Ce ne sont pas seulement des regrets, des larmes et des prières que je vous demande : je vous demande la fidélité à mes conseils, la vigilance sur vous-mêmes, le bon esprit, l'application au travail, le respect de vos maîtres, la discipline, l'obéissance : autant de vertus sans lesquelles il ne saurait y avoir de véritable joie dans le présent ni de succès dans l'avenir. C'est à ces traits que vous vous ferez reconnaître pour mes véritables enfants et que vous mériterez de former avec moi, comme au Collège, une nouvelle famille dans le ciel!

NOTE

RELATIVE A LA MORT DE M. L'ABBÉ ESPIAU

Voici en résumé les détails qui nous ont été fournis par des témoins oculaires. Ils sont conformes de tout point avec le compte rendu officiel, qu'on a bien voulu mettre à notre disposition avec une gracieuse complaisance à laquelle il est juste de rendre hommage.

Arrivé seul à Luchon le vendredi 9 août, dans la matinée, M. l'abbé Espiau employa la fin de sa journée à visiter la ville et ses alentours.

Le lendemain, vers onze heures du matin, après un modeste déjeuner, il partit en excursion pour la vallée du Lys qu'il comparait souvent aux ravissantes vallées de la Suisse et qu'il aimait à citer comme une des plus belles du monde. Il prit place dans une voiture publique qui fait le service de Luchon à cet endroit. A côté de lui onze personnes, dont aucune ne lui était intimement connue, mais qu'il égaya, chemin faisant, par sa conversation pleine d'entrain et d'heureuses saillies. M l'abbé Espiau, on le sait, avec son air franc et ouvert, avec sa bonne figure de vieillard épanouie et toujours souriante, avait le don de gagner la confiance et de s'insinuer rapidement dans les cœurs. Les étrangers qui se trouvaient avec lui en firent bientôt l'expérience, et, quelques minutes après le départ, il comptait autant d'amis et d'admirateurs qu'il avait de compagnons de voyage.

Il était environ trois heures du soir quand la caravane arriva au bas de la cascade. M. le Supérieur était décidé à aller avec les autres touristes visiter le fameux gouffre et la rue d'Enfer. Il entreprit de faire l'ascension à pied. On fit une marche d'une heure et demie. La montée était raide et le soleil dardait ses rayons de feu sur la tête des intrépides voyageurs.

On visita le gouffre : « puis, ajoute le rapport officiel, M. l'abbé Espiau annonça qu'il se sentait fatigué et qu'au lieu de continuer l'excursion il allait revenir sur ses pas et se reposer à l'hôtellerie. Là, *il réciterait son office et prierait pour les autres personnes, en attendant leur retour*. »

Il était a! rs à peu près quatre heures et demie. Arrivé à l'hôtellerie, exténué et ruisselant de sueur, l'abbé Espiau a demandé un cordial, qu'il n'a pas achevé, et en même temps un lit, disant qu'il se sentait indisposé. On lui a donné une chambre. Puis il a prié l'hôtelière de lui faire un peu de thé, et pendant que celle-ci le préparait, M. le Supérieur a expiré sans crier, sans appeler, sans connaître ni la souffrance, ni la maladie. Quand l'hôtelière est montée dans la chambre elle l'a trouvé mort. Elle a appelé au secours. A sa voix, les gens de la maison sont accourus auprès du corps. On l'a frictionné, on lui a même appliqué un fer chaud sur la poitrine pour essayer de le ranimer. Mais tous les soins ont été inutiles.

Cependant, ce tragique accident était encore ignoré à Luchon. Un messager est dépêché en toute hâte vers la ville. Le commissaire et le docteur Estradère, légalement requis, se transportent immédiatement à l'hôtellerie afin de procéder aux constatations d'usage.

De l'examen du docteur qui a prêté le serment prescrit par la loi, il résulte que la mort de M. l'abbé Espiau est due à une apoplexie cardiaque produite, paraît-il, par la fatigue.

Toulouse, Imp. Douladoure-Privat, rue St-Rome, 39. — 7019

LE MÉMORIAL SÉCULAIRE

De l'avis d'un homme judicieux qui s'est beaucoup occupé d'éducation, cet ouvrage mérite une place d'honneur dans les bibliothèques paroissiales et communales. La *Gazette de France* en a fait les plus grands éloges, et la *Revue des Annales* l'a recommandé à ses lecteurs comme un livre très intéressant, très instructif et très bien écrit.

Gazette de France. — « Le **Mémorial séculaire**, comme ce nom l'indique assez, est un recueil de poésies sur les principaux événements de ce siècle..... On y trouve à chaque page de beaux vers d'une belle allure, d'une tournure fière, libre, d'une facture savante, sans rien qui sente le travail et, comme disent les modernistes, l'*effort.* »

Pour justifier cette appréciation élogieuse, le critique cite presque en entier une pièce qu'il qualifie de « superbe morceau, digne des maîtres, où de nobles et salutaires pensées sont exprimées en style très pur, très coloré, plein de vigueur et de sève. » Il conclut enfin que LIBRE JUSTIAN est « *un poète de haute valeur* et qu'il a reçu du ciel l'influence secrète. »

GAZELLE ET LION

M. Gustave MERLET, *membre du conseil supérieur de l'instruction publique*, ayant pris connaissance de cet ouvrage, envoie à l'auteur ses remerciements :

« Votre excellente étude dramatique, lui dit-il, associe l'intérêt de l'histoire au talent de l'écrivain et aux plus nobles inspirations du poète. »

Monsieur,

J'ai lu moi-même votre œuvre, que j'ai trouvée *vraiment belle.* Je vous félicite vivement et vous promets de recommander vos deux charmants volumes aux lecteurs des *Annales.*

M. Brisson.

Mon cher Ami,

Je viens de recevoir le **Mémorial séculaire** et j'ai juste pris le temps de le lire avant de vous remercier.

Cet ouvrage fait honneur à vos anciens professeurs de littérature. J'en prends ce qui me revient en me disant : combien l'élève a dépassé le maître ! J'ai admiré souvent durant ma lecture. Vous avez des pages magnifiques, des vers très beaux, des dialogues qui font penser à ceux de Rodrigue et de Chimène, de Polyeucte et de Pauline.

Gazelle et Lion m'a charmé.

La facture du vers est souple, dégagée, la rime habituellement riche, le souffle poétique soutenu, malgré certains airs de négligence que les classiques et les puristes réprouveront peut-être, mais qu'il vous est facile de justifier au nom du romantisme. A ce point de vue, votre œuvre est un progrès et consacre les principes de la nouvelle école.

Merci pour le plaisir que vous m'avez procuré et pour le bon souvenir que vous avez gardé de moi. De mon côté, je ne vous oublie pas, car je garde dans mon cœur l'image des élèves charmants et distingués comme vous.

Un ancien professeur de littérature.

Monsieur l'Abbé,

Merci mille fois pour votre précieux envoi, remis avec un si aimable empressement.

Quand mes sombres journées se pencheront assombries vers le terre-à-terre, j'ouvrirai vos pages inspirées, sûre d'y trouver un nouvel élan vers le ciel, vers le grand et le beau.

Ce n'est pas de la bienveillance, mais de l'admiration que je vous offre avec l'expression de ma reconnaissance et de mon profond dévouement.

Mathilde de M.....

14 octobre 1889.

www.ingramcontent.com/pod-product-compliance
Ingram Content Group UK Ltd.
Pitfield, Milton Keynes, MK11 3LW, UK
UKHW022134260726
13993UKWH00003B/1424